HISTOIRE
DU SIEGE
DE CYTHÉRE.

Bella per Idalios plusquam civilia campos
Jusque datum Veneri canimus...... Luc. de
Bel. Pharf.

A LAMPSAQUE,

Chez Cristophle Robuste,
Imprimeur ordinaire de la Cour &
de la Ville à l'enseigne du Dieu Pan.

M. D. CC. XLVIII.

A très-haut, très-puissant & très-
gracieux Seigneur le Prince de Ser-
blucicerbouron, ancien Lieutenant
Général des Armées de Cythére,
Excommandant des Ugobers, Che-
valier des Ordres de la Teucolece-
tunonfrie, &c. &c. &c.

MONSEIGNEUR,

*L n'y a qu'un Heros du pre-
mier Ordre, qui puisse réu-
nir dans sa Personne des
talents qui paroissent incom-
patibles, & dont un seul suffiroit pour
faire un Guerrier accompli. Vous avez,*

MONSEIGNEUR, *acquis tant de gloire au service des* Ugobers *& des Cytherienes, qu'il seroit difficile de décider en quel genre de combat vous réussissez davantage. Tout ce qu'on peut dire, sans crainte de tomber dans l'erreur, c'est que vous êtes* Doctor in utroque. *A qui pouvois-je donc mieux dédier un Ouvrage destiné à publier les vertus de deux belliqueuses Nations, qu'à celui qui a été l'ornément de l'une & de l'autre ? Daignez donc,* MONSEIGNEUR, *agréer l'hommage que rend aujourd'huy à vôtre double merite celui qui fut toûjours l'Admirateur de vos exploits, & qui a l'honneur d'être avec le plus profond respect,*

MONSEIGNEUR,

DE VOTRE ALTESSE,

Le très-humble & très-obéïssant Serviteur, EUFEMIOVOUDES.

AVANT PROPOS.

C'Eſt aux Villes aſſiegées que nous ſommes redevables des plus beaux Ouvrages que puiſſe produire l'eſprit humain ; Troye a fourni la matiere de l'Illiade & de l'Eneïde , le Taſſe a chanté la délivrance de Jeruſalem , & c'eſt au ſiege de Paris que nous devons la Henriade : on auroit pû auſſi trouver le ſujet d'un excellent poëme épique dans Cythére aſſiegée ; on s'eſt contenté d'en faire un Opera Comique. Un pareil ouvrage ne doit être regardé tout au plus que comme une mignature , peut être nous donnera t'on quelque jour un plus noble tableau. En attendant qu'on puiſſe employer les brillantes

A

couleurs de la poësie, j'aurai recours
à la simplicité de la prose; il me sera
plus facile de parler le langage des
hommes, que celui des Dieux : au
lieu d'un Poëme, je vais donc compo-
ser une histoire. Tous les faits que j'a-
vancerai font incontestables; je ne
travaille point fur des memoires infi-
déles, tout ce que je vais raconter
s'eft passé fous mes yeux, j'ai eu l'honneur de fervir pendant cette Guerre
& militavi non fine gloriâ. Je ne fuis pas
de ces Ecrivains qui ont passé leur vie
dans l'obfcurité d'un cabinet, & qui
viennent nous parler d'operations Militaires dont ils n'ont que des idées
très-imparfaites : pour bien traiter une
matiere, il faut la connoître à fond.
Or dans la profession des Armes, je ne
crois pas qu'on puisse me taxer d'igno-
rance. Aux lumieres que je puis avoir
là-dessus, je joins encore une qualité
bien essentielle à un hiftorien, c'eft
l'impartialité. Ainfi fi cet ouvrage ne
plaît pas par la beauté du ftile, il fera
du goût de ceux qui aiment mieux la
verité toute nue, que des fables em-
bellies.

CHAPITRE PREMIER.

Causes de la Guerre entre les Cytherie-
nes & les Ugobers.

DEpuis long-tems les Cytherienes & les *Ugobers* se regardoient
d'un œil jaloux. Les premieres ac-
coûtumées à donner des loix à tout
l'Univers ne pouvoient voir avec indifference les rapides progrès que leurs
voisins faisoient tous les jours : ceux-
ci de leur côté songeoient aux moïens
d'affoiblir une Puissance sous laquelle
ils craignoient de succomber.

Avec de telles dispositions il n'étoit
pas possible que la Paix pût subsister
entre les deux Nations. De part & d'autre on cherchoit à se faire tout le mal
possible ; les discours injurieux, les
écrits satiriques, les railleries piquan-
tes, rien de tout cela ne fût épargné.
Les Ugobers perdirent enfin patience &
résolurent d'en venir à une Guerre ouverte. Comme ils ne se sentoient pas

les plus forts, ils eurent recours à leurs
Alliés qui promirent de les secourir ef-
ficacement, ensuite pour justifier leur
demarche, ils instruisirent selon la coûtume le public, des raisons qui les en-
gagoient à prendre les Armes. Voici
comment ils s'exprimoient dans un de
leurs Manifestes.

„ Personne n'ignore à quel haut de-
„ gré de Puissance sont parvenu les
„ Cytherienes; cette ambitieuse Na-
„ tion s'est toûjours persuadé que les
„ hommes sont faits pour être ses es-
„ claves : tous les jours on la voit s'a-
„ grandir par de nouvelles conquêtes,
„ il semble qu'elle aspire à la Monar-
„ chie universelle, mais c'est moins à
„ son courage qu'à la foiblesse de ses
„ adversaires, qu'elle est redevable de
„ ses succès. Car les Cytherienes n'ont
„ qu'à se montrer pour remporter la
„ Victoire. Un seul de leurs regards
„ suffit pour terrasser l'Ennemi , qui
„ après sa défaite se voit condamné à
„ un honteux esclavage : la perte
„ de sa liberté n'est pas le seul des
„ maux qu'il ait à souffrir, il faut en-

» core essuyer les caprices de ces im-
» perieux Tyrans, executer sans delai
» leurs Ordres les plus injustes, bai-
» ser même avec respect les fers sous
» le poids desquels ils vous acca-
» blent. Ce n'est qu'après avoir sa-
» crifié la meilleure partie de leurs
» biens, que les captifs peuvent rom-
» pre leurs chaines, ou lorsque la de-
» licatesse de leur complexion, ou
» les infirmités de la vieillesse les met-
» tent hors d'état de supporter les
» travaux auquels ils sont condam-
» nés. Malgré des traitemens si durs,
» Personne ne fait ses efforts pour se
» soustraire à cette affreuse Tyrannie.
» l'amour que nous portons à nos sem-
» blables nous oblige à prendre les
» armes en leur faveur. C'est à nous
» de secourir des malheureux qui
» n'ont pour toute nourriture que
» des soûpirs & des larmes, que les
» soucis & les inquiétudes empê-
» chent de goûter les douceurs du
» sommeil; dont les corps foibles &
» abbatus sont un indice certain des
» rigueurs qu'on exerce à leur égard.

A 3

„ il faudroit être infenfible pour n'ê-
„ tre pas touché à la vûë d'un tel
„ fpectacle : peut-on manquer d'ap-
„ prouver nôtre conduite, quand on
„ fçaura les louables motifs qui nous
„ déterminent à declarer la Guerre !
„ Il eft de nôtre interêt comme de
„ nôtre gloire de détruire une Nation
„ qui ne cherche à affujettir les hom-
„ mes que pour les rendre mifera-
„ bles.

Les Cytherienes ne demeurerent
pas fans replique : elles accufoient
leurs Adverfaires de renverfer l'ordre
le mieux établi, & d'avoir fubftitué
à la place des plus anciennes coûtumes, des loix Bifares qui ne tendoient
à rien moins qu'à la deftruction du
genre humain ; elles ajoûtoient qu'elles étoient plus intereffées que per-
fonne à s'oppofer à ces dangereufes
innovations, & qu'elles étoient prêtes
à fe facrifier pour une fi jufte caufe.

Après cela on ne tarda pas à en venir aux actes d'hoftilité : avant d'entrer dans le détail de tout ce qui fe
paffa pendant ce fiege memorable, il

est bon de faire connoître le Pays &
les mœurs des differentes Nations qui
composoient les deux Armées.

CHAPITRE II.

Situation de Cythére, Caractere de ses
Habitans, portrait de la Generale
Divutemia.

ON a souvent fait des descriptions
de l'Isle de Cythére ; mais les Auteurs ne se sont pas toûjours piqués
d'exactitude : les uns étant aveuglés par
la prévention, les autres se laissant em-
porter par le ressentiment. Les Poëtes
selon leur coûtume ont pris plaisir a
embellir ces lieux aux dépens de la
verité ; le devoir d'un Historien fidéle
est de dire les choses telles quelles sont.
Ceux qui connoissent la Carte de ce
Pays verront si j'ai cherché à en impo-
ser au public.

Cythére est placé sous la Zone Tor-
ride, les chaleurs par conséquent doivent y être excessives : aussi le sang

bouillone dans les veines de quiconque met le pied pour la premiere fois dans ce brulant climat : ce n'est qu'après un long séjour que cette fermentation diminue insensiblement, le Ciel n'y est pas toûjours pur & serein : on y est exposé à de malignes influences; pour s'en garantir il faut avoir la precaution de porter certain habillement d'une peau très fine avec lequel on n'a point à craindre le mauvais air. Au milieu de l'Isle, on voit la Capitale qui est au fond d'un vallon délicieux, elle est de figure ovale : plusieurs rangs d'arbres plantés sur les remparts forment le plus agréable point de vûë qu'on puisse imaginer. A quelque distance, s'élevent deux grosses tours qu'il est necessaire de prendre avant d'attaquer le corps de la Place. Les Fauxbourgs ont beaucoup d'étenduë & les Voyageurs s'y arrêtent quelquefois pour en considerer les beautés : mais on n'y voit demeurer habituellement que les *Alabandises*; c'est le nom qu'on donne à une Troupe de Gens lâches & moux qui n'ont pas la permission d'entrer dans la Ville.

Rien de plus aimable que l'exterieur des Cytheriennes ; mais quand on
vient à les approfondir , qu'elle diffe-
rence ! si l'on n'est pas sur ses gardes
& qu'on se livre à elles sans reserve ,
on n'est pas long-tems sans avoir lieu
de s'en repentir : elles sont fourbes ,
capricieuses , interessées , inconstantes,
perfides. A ces défauts se joignent aussi
de grandes qualités : qui peut égaler
leur courage ? une seule peut tenir
tête à plusieurs Ennemis , rarement les
voit-on demander quartier , elles ont
toutes du goût pour la Guerre, leurs
inclinations belliqueuses se manifestent
de fort bonne heure ; quand elles ne
sont pas encore en âge de servir, on
les voit elles mêmes préluder aux combats qu'elles doivent livrer un jour.
Nullea est la Divinité qu'elles adorent ,
& qui preside à leurs actions. Chaque
mois elle ensanglantent les Autels a
l'honneur de cette Déesse ; il n'y a que
dans leur enfance , ou dans un âge
avancé qu'elles sont exemptes de faire
ces sortes de Sacrifices.

Dans presque tous les Pays du monde on ne confie le commandement des Armées ou le Gouvernement des Places importantes qu'à des Perſonnes qui ont vieillis ſous les armes : à Cythere les uſages ſont differents, les vieilles forment le grand Conſeil de la Nation ; ce Senat compoſé de Perſonnes reſpectables décide ſouverainement de toutes les affaires d'Etat : c'eſt là qu'on éxamine s'il eſt à propos de declarer la Guerre, les moïens qu'on doit-employer pour reüſſir, les pieges qu'il faut tendre à l'Ennemi, les avantages qu'on doit retirer de la victoire : quand toutes ces matieres ont été ſoigneuſement diſcutées, les jeunes Cytherienes ſont chargées de l'exécution. Celle qui commandoit à Cythere pendant le ſiege avoit à peine atteint ſon cinquiéme luſtre

aux Ames bien nées la valeur n'attend pas le nombre des années.

Pluſieurs actions éclatantes l'avoient élevé à ce poſte ſublime ; elle avoit porté le ravage dans le territoire *des Fircaniens.* Après avoir fait ſur eux un

butin immenſe, elle chercha à s'illu-
ſtrer par de plus glorieuſes conquêtes.
Les Conobluders fourniſſoient un vaſte
champ à ſon ambition, elle les atta-
que & vient à bout de les ſoumettre.
De ſi brillants ſuccès ne devoient pas
reſter ſans récompenſe, auſſi quand il
fut queſtion d'élire une Generale tous
les ſuffrages ſe réünirent en faveur de
la belle *Divutemia* : je ne m'amuſerai
point à faire la deſcription de ſon vi-
ſage & de ſa taille, il vaut mieux faire
connoître cette heroïne par des en-
droits plus intereſſants.

Divutemia n'avoit que les connoiſ-
ſances neceſſaires à ſa profeſſion, mais
elle les poſſedoit dans un degré éminent. Si ſon eſprit n'étoit pas fort
étendu, ſon cœur étoit extrêment vaſte. Rien ne pouvoit en remplir les
deſirs. Elle avoit le coup d'œil admi-
rable, voyoit tout-d'un-coup l'endroit foible par où il falloit attaquer
l'Ennemi, tantôt fondoit ſur lui bruſ-
quement, & tantôt l'attendoit de pied
ferme : Maîtreſſe de tous ſes mouvemens, pendant la chaleur du combat,

elle paroiſſoit animée de fureur & de
rage, & cependant ſon ame jouiſſoit
d'une tranquilité parfaite : infatigable,
à peine avoit-elle achevé une expedition, qu'elle étoit prête d'en entre-
prendre une autre ; intrepide, elle auroit affronté les plus grands perils,
pour ſatisfaire ſon avide cupidité : telle
étoit *Divutemia.*

CHAPITRE III.

En quoi conſiſtoit la Garniſon de Cythére.

IL y avoit dans la Place une forte
Garniſon compoſée d'*Emecodines*,
de *Durpes*, de *Toqueçes*, de *Carges* &
de *Vamaqueres.*

Les *Emecodines* étoient les meil-
leures Troupes de la Place : inſtruites de
bonne heure dans le Mêtier de la Guerre, elles en connoiſſent les plus fines
pratiques. Auſſi tout l'Univers reten-
tit du bruit de leurs exploits. Ce
corps a une ſi grande réputation qu'il
ſuffit d'y être enrôlé, pour qu'on n'oſe

revoquer en doute vôtre courage, n'en n'eussiez-vous jamais donné aucune preuve. Dans le combat les *Eme-codines* n'en veulent qu'aux principaux Officiers de l'Armée ennemie, comme elles sont plus avides de butin que de carnage, si quelqu'un tombe entre leurs mains, elles ne le renvoyent qu'après l'avoir entierement dépouillé. Quand elles ont vieilli dans le service, on les fait passer au Ministere, & si pendant leur jeunesse, elles ont fait voir beaucoup de valeur, elles ne montrent pas moins de prudence dans un âge avancé.

Les *Durpes* n'ont point cet air Grenadier qui sied si bien à des guerrieres. On diroit en les voyant qu'il n'y a rien à craindre de leur part ; mais personne n'entend mieux toutes les ruses de l'Art militaire : quand l'Ennemi paroît, elles font semblant de prendre la fuite, & par ce stratageme attirent dans des lieux commodes, ceux qui les poursuivent. Il faut alors en venir aux coups, elles se défendent avec opiniâtreté, & n'ont coûtume de se rendre qu'après avoir fait acheter bien cher la victoire.

Rien n'est plus difficile à dompter que les *Toqueces*. Ce sont des Troupes legeres qui vous échappent dans le tems même, que vous croyez les tenir. Elles se trouvent au milieu du feu le plus vif sans en craindre les effets. Leur Cuirasse est impenetrable à tous les traits, elles sçavent à merveille garantir leur cœur des coups qu'on voudroit lui porter. Le seul desir d'acquerir de la gloire leur met les Armes à la main. Quand l'Ennemi est vaincu, elles se contentent de l'emmener en Triomphe, & ne poussent pas ordinairement plus loin les avantages que leur donne la victoire.

La Troupe la moins estimée étoit celle des *Carges*. C'étoit une Milice qu'on avoit levée dans les Campagnes ou parmi les plus vils Artisans de la Ville. Leur occupation est de faire la patrouille pendant la nuit. On les met aussi en faction dans toutes les ruës étroites, les carefours, les places publiques ; si quelqu'un vient à passer,

elles examinent s'il ne porte point
d'Armes à feu, & si elles trouvent un
fusil ou pistolet prêt à tirer, elles s'en
saisissent, & ne vous le rendent qu'a-
près en avoir fait la décharge.

Il y avoit outré cela quelques Bri-
gades de *Vamaqueres* : ce sont les Gardes du Corps de la Generale. Ils vont
ordinairement à la découverte de l'Ennemi, & tâchent de l'attirer dans les
Lieux où les Cytherienes se tiennent
en embuscade. Quand ils ont engagé
le combat, ils se retirent tranqui-
lement jusqu'à ce que l'affaire soit
decidée. Comme ils connoissent par-
faitement les veritables interêts de
leur Pays, c'est eux qu'on depute chez
les Nations voisines pour y menager
quelque accommodement. Tantôt ils
font les fonctions de Guerriers, &
tantôt celles d'Ambassadeurs; ils sont
également propres à ces deux emplois.

La Place étoit abondamment four-
nie de toutes sortes de provisions &
en état de faire une longue resistance.
Aussi les Cytherienes étoient bien re-
soluës de combattre jusqu'à la dernie-

re extrêmité. L'envie de soutenir leur
reputation , & la haine qu'elles portoient à leurs Ennemis , les soutenoient
dans ces genereux sentimens. Les
Ugobers de leur côté ne visoient à rien
moins qu'à la destruction totale de
Cythére. Ils avoient une puissante
Armée, à laquelle ils ne croyoient pas
qu'on pût resister long-tems. La suite
nous fera voir s'ils ne se trompoient
pas dans leurs conjectures.

CHAPITRE IV.

Mœurs des Ugobers, caractere de Bluciser.

LEs *Ugobers* ou *Modosites* sont un
Peuple fort ancien, ils formoient
autrefois un corps de Nation. *Modose*
étoit la capitale de leurs Etats. Un
Egan, c'est le nom qu'on donne à
certains Ambassadeurs) passant un
jour par cette Ville fut gracieusement
accueilli par les principaux Habitans :
quoy qu'on ne sçût pas le caractere
dont ce jeune Seigneur étoit revêtu,

comme

comme il étoit d'une figure aimable
chacun vînt luy offrir sa maison. Il ac-
cepta celle d'un bon Bourgeois. Les
autres jaloux de cette preference vin-
rent insulter le Voyageur chez son
Hôte. L'*Egan* indigné, sort brusque-
ment & va porter ses plaintes au Roy
son maître; celui-ci pour venger son
Ambassadeur, fit tirer à boulets rouges
sur la Ville de *Modose* & la reduisit en
cendres. Depuis ce tems les *Ugobers*
sont dispersés dans tous les Lieux du
monde. Les Descendans de ce Peuple
malheureux, après avoir erré long-
tems, arriverent à *Sethane*, où ils se
soutinrent avec honneur. Ils firent
dans ce Pays plusieurs Profélites, parmi
lesquels on compte le fameux *Ascrote*.
De nouveaux malheurs les obligerent
de passer en *Savonie* : on leur accorda dans ce Pays de si grands privilé-
ges, qu'ils oublierent leurs anciennes
disgraces. On les vit même parvenir
aux plus *éminentes* dignités; le nombre des *Modosites* augmentant tous les
jours, ils résolurent d'envoyer des
Colonies dans quelques-uns des Etats

voisins, ils tâcherent de s'établir dans le Royaume des *Valges* : *Thirosiren* les reçût favorablement, mais après la mort de ce Roy, ils ne furent pas fort considerés. Pour se procurer un établissement favorable parmi les *Valgois*, ils travaillerent à mettre dans leurs interêts, la plus haute Noblesse, & ils réüssirent.

Il faut à present faire connoître les mœurs d'un peuple qui fait aujourd'huy tant de bruit dans le monde : les *Ugobers* sont naturellement spirituels, ennemis des préjugés & d'un caractere fort liant : leur Commerce est dangereux. En votre presence ils vous font mille protestations d'amitié, & par derriere ils vous rendent de fort mauvais offices ; ce sont des Soldats hardis, la crainte du feu ne les a jamais arrêtez ; faut-il penetrer dans une place, ils n'examinent pas si la brêche est praticable. Ils déchirent & mettent en pieces tout ce qui s'oppose à leur fureur, les cris des blessés ne sont pas capables de les émouvoir ; mais après l'action, ils deviennent beaucoup plus

traitables : quoy qu'on en dise, leur
service n'est pas gracieux, & je suis
persuadé qu'on entre plûtôt dans ce
corps par vanité, que par goût.

Ils avoient à leur tête *Blucifer*. Ce
General avoit fait ses premieres Campagnes parmi les *Caginiens* : après avoir
passé successivement par tous les emplois subalternes, il parvint au pre-
mier grade militaire ; son merite seul
l'éleva à cette sublime dignité. C'étoit
un homme zelé pour sa Nation & prêt
à tout sacrifier pour elle, actif, entre-
prenant, plein de feu. Il n'aimoit pas
à combattre en pleine Campagne, il
se tiroit beaucoup mieux d'affaire dans
un défilé étroit. Sa valeur se trouvant
alors reserrée, se roidissoit contre les
obstacles, & franchissoit avec impe-
tuosité les plus fortes Barrieres.

CHAPITRE V.

Les Omines.

LEs *Omines* parurent auſſi ſur les rangs pour attaquer Cythére ; mais on ne comptoit mediocrement que ſur eux : ils étoient preſque tous partiſans des Cytherienes & ſe ſeroient déclaré ouvertement pour elles, ſi certaines raiſons de politique ne les en avoient empeché. *Les Omines* s'exercent de bonne heure dans la diſcipline militaire, leur nourriture eſt frugale, leur habillement groſſier ; ils couchent ſur la dure & exécutent ſur le champ les ordres d'un commandant imperieux : la plûpart de leurs officiers font le metier de Racoleurs; quand ils voïent un jeune homme propre à devenir un bon ſoldat, ils laccoſtent avec un air doux & affable. Ils le queſtionnent ſur le parti qu'il a deſſein de prendre, ils parlent avec mépris de toutes les profeſſions même les

plus honorables afin d'avoir occaſion
d'exalter celle *des Omines* ; ils font
ſonner bien haut les avantages de leur
état, & pour donner plus de poids à
leurs raiſons , ils font couler à grands
flots les vins les plus délicieux. Comme la jeuneſſe a du penchant pour les
Cytherienes & que *les Omines* s'engagent par ſerment à leur déclarer la
Guerre , on fait entendre qu'il y a plus
de liaiſon entre ces deux peuples
qu'on ne s'imagine , mais qu'il faut
dans ce commerce uſer de menage-
mens & de précautions pour ſauver
l'honneur du corps. Les jeunes gens
ſe laiſſent ſéduire par ces ſortes de
diſcours, ils s'engagent & c'eſt pour
toute la vie ; ils ne ſont pas long-tems
à s'appercevoir qu'on les a trompé ;
mais ils ſont obligés de prendre patience : ils ne doivent pas ſonger à
s'affranchir de leurs engagements ,
car la deſertion eſt punie d'une ma-
niere terrible.

Les *Omines* compoſoient la meilleure partie de l'armée des Aſſiegeants :
chaque de leur Regiment étoit diſtin-

gué pas un uniforme affés bifare. Les
Pacincus avoient d'épaiffes moufta-
ches & portoient un cafque qui re-
prefentoit la figure d'un clocher : ils
entendoient affez bien la petite Guerre, & on fe fervoit d'eux pour piller
le païfan. Les *Lidercores* étoient les
plus beaux hommes de l'armée, avant
de combattre on leur ordonnoit de
crier de toutes leurs forces pour
effrayer l'ennemi. Les *Macres* portoient par devant & par derriere une
petite cuiraffe large de deux ou trois
doigts qui les prefervoit, difoient ils,
de tout accident, mais qui ne les pouvoit pas fûrement garantir des traits
que leur lancent les Cytheriennes.
Après cela venoient les *Cariminidos*
qui avoient une bonne provifion de
chaines dont chacune étoit compofée
de quinze gros anneaux & de cent
cinquante petits ; c'eft avec quoi ils
lioient les captifs dont ils vouloient
vuider la bourfe. Les *Caginiens* n'a-
voient point de cafque comme les autres, & n'ofoient pas attaquer l'ennemi en face, mais il ne faifoit pas

bon leur tourner le dos , car alors
ils poursuivoient les fuyards avec char-
nement & ne leur faisoient point de
quartier.

CHAPITRE VI.

Les Brularnes.

AUssi-tôt qu'il fut question de faire la Guerre, chacun tâcha d'attirer les *Brularnes* dans son parti : c'é-
toit une chose assez difficile. Ces peuples n'ont presque point de Commerce avec les autres Nations; sans sortir
de chez eux , ils peuvent fournir à
tous leurs besoins. Quelques Grands
que soient leurs revenus, ils ne sont pas
d'humeur à les prodiguer au service
d'autrui. S'ils font de la dépense ce
n'est que dans le particulier ; les effets
n'en réjaillissent que sur eux seuls. Avec
de telles dispositions, il n'est pas éton-
nant qu'ils refusassent de prendre part
à une Guerre qui ne pouvoit leur procurer aucun avantage. Les *Cytheriennes*

eurent beau leur reprefenter les fervices qu'elles leur avoient rendu en plus d'une occafion, on leur répondit que ces fervices avoient été bien payés, & qu'on ne fe croyoit par conféquent obligé à aucune reconnoiffance. Les *Ugobers* faifoient entendre que fi les Habitans de Cythére avoient le deffus, ils chercheroient à fe venger de l'indifference que leur témoignoient les *Brularnes*. Ceux-ci declarerent hautement que tandis qu'ils auroient l'ufage de leurs mains, ils n'avoient rien à craindre ; ils prirent le parti de la neutralité & permirent feulement à ceux de leurs Sujets qui avoient envie de faire quelques Campagnes, d'aller fervir en l'une ou l'autre Armée en qualité de volontaires.

CHAPITRE VII.

Les Todeves.

IL se fait souvent des réformes dans les Troupes de Cythére : quand les Soldats de cette Ville ont servi un certain tems, on les congedie & on leur laisse la liberté de prendre parti ailleurs. Ils vont ordinairement s'enroller dans le Regiment des *Todeves.* C'est une Milice redoutable. Elle est commandée par des *Cerutedirs.* Ce sont des Officiers qui n'ont point cet air étourdi qu'on remarque communément dans les Militaires ; leur maintien est grave & composé , leur uniforme simple & modeste , leurs discours insinuans & flateurs , ils ont le talent de se faire aimer de ceux à qui ils commandent. Aussi faut-il avouer qu'ils ont de grands égards pour leurs Soldats. Ceux-ci en consideration sacrifient la meilleure partie de leur paye pour l'entretien de leurs Chefs. Heu-

reux qui peut attrapper une Compa-
gnie dans ce Regiment ! le dépit qu'ont
les *Todeves* d'avoir essuié une hon-
teuse réforme, leur inspire des sentimens de haine & de vengeance qu'on
ne peut exprimer. Les transports qui
les agitent, n'éclatent pas sur leurs
visages : à en juger par l'exterieur rien
n'est plus doux, plus humain ; que le
cœur est different ! ces Troupes ont
une façon de combattre qui leur est
particuliere ; elles se tiennent éloignées
de l'Ennemi, & se cachent dans des
Lieux, où on ne peut les appercevoir.
C'est de là qu'elles lancent des Fléches
empoisonnées, dont la blessure est
incurable : leurs traits sont poussés,
avec tant de vigueur que d'un seul
coup elles percent plusieurs personnes.

CHAPITRE VIII.

Cythére est investie.

AUssi-tôt que les Troupes des Assiegéans furent rassemblées, on avança vers Cythére. D'abord on examina par quel endroit il falloit attaquer la Ville : il se tint à ce sujet un grand Conseil de Guerre, les sentiments furent partagés ; la plûpart des Generaux vouloient qu'on commençât par s'emparer des deux grosses tours : mais *Teuscotoser* Officier de réputation parmi les *Omines* fut d'un avis contraire. Il soutint qu'il falloit aller tout de suite au corps de la Place ; puis adressant la parole à *Bluciser*, il lui dit.

SEIGNEUR.

,, Le poste éminent que vous oc-
,, cupés, est une preuve certaine de la
,, superiorité de vos talents. Jamais
,, on ne vous auroit vû à nôtre tête,
,, si l'on ne vous avoit pas jugé digne
,, de nous commander. Mais pour

„ réuffir dans cette Guerre, il ne fuf-
„ fit pas de joindre comme vous fai-
„ tes la prudence au courage, il faut
„ encore connoître à fond le genie
„ des peuples que nous allons com-
„ batre. Permettez-moi de le dire,
„ Seigneur, jufques ici vous n'avez
„ eu affaire qu'à des *Chedabars.* Cette
„ Nation eft bien differente des Cy-
„ theriennes : ce n'eft qu'à force de
„ tems & de patience qu'on vient à
„ bout de foûmettre les premiers. Au
„ contraire il faut attaquer les autres
„ brufquement, & ne pas leur don-
„ ner le loifir de fe reconnoître. Si j'ai
„ acquis quelque gloire dans les diffe-
„ rens combats où je me fuis trou-
„ vé, je puis dire que je n'ai dû mes
„ fuccès qu'à la promptitude avec la-
„ quelle je me fuis jetté fur l'En-
„ nemi auffi-tôt qu'il paroiffoit. Je
„ fondois fur lui avec impetuofité;
„ de forte que le voir, l'attaquer,
„ le vaincre, étoit la même chofe
„ pour moi. Bien des perfonnes fe
„ font repenti d'avoir fuivi une mé-
„ thode contraire. Quand une Cythe-

,, riene a eu le tems de se remettre
,, du trouble où la jette la présence
,, d'un guerrier redoutable , il est bien
,, difficile alors d'en pouvoir triom-
,, pher ; Elle se tient sur ses gardes ,
,, examine tous vos mouvements ,
,, prévoit toutes vos demarches , &
,, se met en état de n'avoir rien à
,, craindre de vôtre part. C'est pour-
,, quoi si l'on veut m'en croire nous
,, tâcherons de prendre la Ville d'as-
,, saut ; j'avoue qu'il y a du danger :
,, mais les perils peuvent-ils intimider
,, des cœurs tels que les nôtres ? pour
,, moi je suis prêt à donner exemple &
,, à montrer à toute l'Armée ce que
,, peut un *Omine* animé par le desir
,, d'acquerir de la gloire. ,, En même-
tems il prend ses armes qui étoient en
fort bon état, les fait briller aux yeux
de l'assemblée, & demande qu'on le
conduise à l'Ennemi. *Blucifer* fut très-
mécontent de cette harangue. Il ne
pût souffrir qu'on doutât de ses lumieres ; c'est pourquoi il se rangea du
parti de ceux qui vouloient qu'on fît
le siege en regle. En conséquence il

declara qu'on commenceroit par attaquer les ouvrages exterieurs.

Quand toutes les operations eurent
été reglées, la Ville ne tarda pas d'ê-
tre investie. Bien-tôt après la tranchée
fut ouverte. On commanda quelques
Compagnies de *Panutiers* pour s'emparer des deux grosses tours ; mais
ils furent repoussés vivement & n'o-
serent pas venir une seconde fois à la
charge.

Pendant ce tems-là on déliberoit à
Cythére pour sçavoir si on ne lâche-
roit pas les Ecluses qui retenoient les
eaux du fleuve *Viner*. Si on eut pris
cette résolution , c'en étoit fait des
Assiegeants , mais il fut decidé à la
pluralité des voix , qu'on n'auroit
point recours à ces moyens extraor-
dinaires.

CHAPITRE IX.

Supplice d'un Ugober *Espion.*

LEs *Ugobers* voulans reconnoître les forces de la Place, résolurent d'envoyer un Espion. Leur choix tomba sur un jeune Officier de bonne mine. Celui-ci se chargea volontiers d'un si perilleux emploi. Après qu'on lui eut donné les instructions nécessaires, il prit des habits de *Cythériene*, & à la faveur de ce déguisement, s'introduisit dans la Ville. On le prit d'abord pour une Etrangere qui venoit tenter fortune. Ses attraits lui procurerent un accès facile dans toutes les Maisons. On lui offrit de l'emploi, & pour l'engager à prendre parti, on lui fit entendre qu'avec les bonnes qualités qu'il paroissoit avoir, il ne pouvoit pas manquer de faire son chemin. Il répondit de son mieux à des discours si obligéants, & refusa tout ce qu'on lui proposa de plus avantageux. Person-

ne ne pouvoit penetrer les motifs
d'une conduite si extraordinaire ; on
étoit accoûtumé à Cythére à voir les
Gens exercer de très-bonne-heure leurs
talens. L'Espion profitoit cependant
de l'erreur où on étoit sur son compte pour examiner tout ce qui se passoit : il n'auroit peut être même jamais été découvert sans une avanture
qu'il eut avec un *Vamaquere*. Ce der-
nier étoit un Garçon d'une aimable
figure, auquel *l'Ugober* fit quelques aga-
ceries ; on lui répondit sur le même
ton. La conversation s'échauffa ; Il
fallut en venir aux prises. Le *Vama-*
quere est d'abord renversé, l'Officier
se jette sur lui, tire son poignard, est
prêt à frapper ; l'autre saisi de frayeur
jette un grand cri, la Garde accourt,
& se saisit des deux combatants. L'Espion est reconnu, on lui fait son pro-
cès, il est condamné à la *Tevecononfrie.*
C'est la punition que les *Ugobers* ont
le plus en horreur. Le coupable écoû-
ta sa sentence sans changer de visage, mais sa fermeté l'abandonna à la
vûë de l'instrument de son supplice. Il
fremit

fremit en appercevant la *Caffone* où il devoit être englouti. Cette *Caffone* eft une efpece de goufre dont les bords font heriffés de broffailles, on y précipite le criminel, & lorfqu'il eft au fond, il eft obligé de faire jouër une pompe foulante & afpirante par le moyen de laquelle il fe voit inondé d'une eau fale & bourbeufe au milieu de laquelle il expire.

CHAPITRE X.

Tumulte qui arrive dans le Camp des Alliés. Sortie que font les Citherienes.

TAndis, que les Soldats expofoient leur vie , les Generaux s'occupoient à quelque chofe de plus amufant. On donna dans le Camp des Alliés un magnifique repas à l'occafion de la Fefte de *Termobanel*, General des Omines ; rien de tout ce qui peut contribuer à la bonne chere ne fut épargné. Les plus habiles Cuifiniers d'entre les *Macres* firent con-

noître qu'ils portoient leur art jusqu'à
la derniere perfection. Pendant le
Feſtin on ne ſongea qu'à bien ſe ré-
jouïr. Les *Caniminidos* juroient, les
Lidercores, chantoient, les *Todeves*,
médiſoient, les *Caginiens* politiquoient.

Chacun ſuivoit ſon penchant. Tout
alloit le mieux du monde, quand la
diſcorde vînt apporter le trouble dans
des lieux conſacrés aux plaiſirs : on
fut ſur le point de renouveller le combat de Centaures avec les Lapithes ; un
Lidercore épris de vin, attaqua une
Todeve, celle-ci qu'on n'inſultoit pas
impunément, répondit avec vivacité.
Des diſcours, il fallut en venir aux
mains. Cependant comme le lieu n'é-
toit pas propre pour vuider la que-
relle, on ſe donna un *rendez-vous*.
Les deux Champions ſe levoient déja
pour ſe tranſporter ſur le champ de
bataille. Un *Cerutedir* qui avoit été té-
moin de la diſpute, voulut en empê-
cher les ſuites, il arrête l'impetueux
Omine, & lui dit d'un ton imperieux,
qu'il eût à moderer ſes emportemens.
Le *Lidercore* fit ſentir par une action

très-expreſſive, combien ce diſcours lui déplaiſoit. Auſſi-tôt tous les convives ſont en rumeur. Chacun prend parti dans cette diſpute, les uſtenciles *de Comus* furent changés en autant d'inſtrumens du Dieu-Mars. Cela veut dire en bon François qu'on prit pour Armes tout ce qui ſe trouva ſur la table. On ſe ſaiſit des plats & des aſſietes, & bien-tôt on les fait voltiger en l'air; tout ſe mêle & ſe confond; les coups ſont portés au hazard & appliqués avec vigueur. *Termobanel* le brave *Termobanel* fait des prodiges de valeur. Il ſe ſaiſit d'une cruche pleine de vin, & la briſe ſur la tête de l'auteur de tout ce deſordre; le bleſſé eſt plus ſenſible à la perte de la liqueur qu'à celle de ſon ſang. Il ſe venge ſur un des *Pacincus* auquel il arrache impitoyablement la mouſtache. Cet *Omine* épilé fremit de rage en ſe voyant dépouillé de ſon plus bel ornement. Les *Todeves* au défaut d'armes meurtrieres ſe ſervent de leurs dents & de leurs ongles, & laiſſent ſur tous les viſages des traces de leur fureur.

Les chofes auroient été pouffées
plus loin fi un *Caginien* par fon élo-
quence n'eut arrêté les effets de cette
funefte divifion; peu à peu il calma les
efprits : on fepara les combattans qui
en furent quitte pour quelques con-
tufions. De peur que la difpute ne
vînt à fe renouveller, *Bluciſer* ordon-
ne, qu'on fe retire. La plûpart eurent
bien de la peine à traîner leurs corps
chancelants jufques dans leurs Tentes.
Il y en eut même plufieurs que le fo-
meil furprit avant qu'ils puffent arri-
ver chez eux. Les *Cytheriennes* furent
informées par leurs Efpions du defor-
dre qui regnoit dans l'Armée des Affie-
geants , elles refolurent de profiter
de cette occafion pour faire une vi-
goureufe fortie. L'Officier General qui
étoit de tranchée ce jour-là fuccomba
fous les coups d'une *Emecodine.* On
encloua plufieurs pieces de Canon qui
furent mifes hors d'état de tirer juf-
qu'à ce qu'elles euffent été refonduës.
Après cela ces braves *Amaſones* fe ré-
pandent dans le Camp ennemi ; les
Carges fur-tout penetrent dans les

Tentes des Soldats sur qui elles font
main basse. Ah de combien d'actions
glorieuses la nuit ne déroba-t-elle pas
la connoissance ! les *Durpes* sçurent
bien profiter des ténebres pour signa-
ler leur courage.

Les Assiegeants qui ne s'attendoient
pas à être reveillés de la sorte, ne s'oublierent pas en cette occasion. Ceux
à qui les fumées du vin n'avoient pas
troublé la cervele, se mettent en état
de défense & combattent comme des
furieux. *Teuscotoser* fit des exploits
dignes d'un éternel souvenir. Tous
ceux qui se presentent à lui, sont aussi-
tôt étendus par terre , & immolés à
son ressentiment. A combien de mal-
heureuses victimes *Bluciser* ne fit-il
pas mordre la poussiere ! ceux qui ex-
pirerent sous ses coups n'eurent pas
la consolation de tourner vers le Ciel
leurs derniers regards.

Cependant le jour commençoit à
paroître. Il fallut songer à se retirer
dans la Ville. Les *Cytheriennes* y ren-
trerent en bon ordre , elles furent
poursuivies par les *Caginiens* qui mi-

rent en piece une Brigade de *Vama-
gueres* qui faisoit l'arriere-garde. Ce ne
fut que quand le soleil eut commen-
cé à dissiper ses rayons, qu'on s'apperçût du ravage affreux qui s'étoit fait
dans le Camp. La plûpart des Soldats
furent si maltraités dans cette affaire
qu'il leur fallut plusieurs jours pour
se remettre de leurs fatigues. Au
bout de quelque tems ils se trouverent en état de continuer leurs operations, & ils pousserent le Siege avec
plus de vigueur que jamais. Quoique
leur feu fut très-vif, il l'étoit beaucoup moins que celui des *Cytheriennes.*
Celles-ci faisoient double & triple décharge, tandis que leurs Ennemis pouvoient à peine à en faire une seule.
Mais si les forces manquoient aux
Alliés, ils trouvoient des ressources
infinies dans la grandeur de leur courage.

CHAPITRE XI.

Un Ugober cassé à la tête de son Regiment.

BLucifer fit un acte de severité bien capable de contenir ses Officiers dans le devoir. Il avoit expressément défendu qu'on fit aucun quartier aux Cytherienes ; malgré cette défense un Capitaine voyant une des Aides-de-Camp de *Divutemia* au pouvoir d'un *Omine*, il proposa à celui-ci de relâcher sa Prisonniere, & d'accepter un *Chedabar* en échange. La proposition fut acceptée. Le Capitaine emmene dans sa Tente la belle captive, & tâcha par toutes sortes de bons traitemens de lui faire oublier la rigueur de son sort. Cette affaire parvint bientôt aux oreilles de *Blucifer* qui en fut extrêmement irrité ; il fit assembler tous ceux qui servoient sous lui & leur addressant la parole ; il leur dit.

MESSIEURS.

„ C'est avec une extrême douleur
„ que je me vois aujourd'hui réduit
„ à vous révéler la honte & l'infa-
„ mie d'un de vos Confréres. Un
„ *Ugober*, qui l'auroit jamais pû croi-
„ re ? un *Ugober* au mépris de nos loix
„ a eu la foiblesse d'épargner une de
„ nos plus morteles ennemies. Que
„ dis-je épargner ? Il a comblé de
„ bien-faits une personne qui ne de-
„ voit attendre que les plus durs trai-
„ temens. Quel affront pour nôtre
„ illustre Corps ! quel triomphe pour
„ les Cytherienes ! Elles vont defor-
„ mais nous reprocher que nous fom-
„ mes faits aussi pour porter leurs
„ fers, & que c'est à tort que nous
„ nous vantons sans cesse de n'avoir
„ point subi à l'exemple des autres
„ Peuples un joug ignominieux. Je
„ m'apperçois que ces reproches vous
„ font fremir. L'indignation qui est
„ peinte sur vos visages m'est un sûr
„ garant de l'approbation que vous
„ allez donner au châtiment qui va
„ suivre la faute du coupable.

Auffi-tôt qu'il eût achevé fon discours, il caffe l'Officier, le declare
incapable de fervir, & défend qu'on
ait aucun liaifon avec lui. Après cette
dégradation l'infortune Capitaine fe
retira à Cythere, où on lui fournit
les moyens de fe confoler de fa trifte
avanture.

CHAPITRE XII.

Combat Singulier.

Malgré l'ardeur & le courage des
Alliés, le Siege n'avançoit pas
beaucoup. On n'avoit encore pû parvenir à fe rendre maître d'aucune
des tours; elles étoient fi bien deffen-
dues, qu'il étoit difficile de s'en emparer. On fit cependant encore quelques tentatives, mais ce fut fans fuccès. Il y avoit toute apparence que le
Siege traineroit en longueur. Cela dé-
fefperoit les *Omines* qui s'étoient ima-
giné que la place ne pouvoit tenir
long-tems. Ils brûloient d'envie de fe

voir possesseurs de la Ville, afin de pouvoir se livrer impunément à tous les excès dont est capable un Soldat effrené. C'étoient les plus ardents Travailleurs de toute l'Armée. Un seul d'entre eux faisoit plus de besogne que quatre autres. Un jour qu'on avoit cessé de tirer de part & d'autre. Une *Emecodine* vint défier tous les assiegeants. Pour les exciter au combat elle se met à chanter ces vers.

Pourquoi de sang être si fort avides ?
Nos usages sont différents.
Il faut que de nos differends
Un combat singulier décide.

Un *Brularne* eût la temerité d'accepter le défi. Quand il se présenta pour combattre, ses armes se trouverent en si mauvais, état qu'il n'en pût faire usage. Il eut beau venir plusieurs fois à la charge ; aucun de ses coups ne put porter. La Cytheriene fit tout son possible pour l'exciter à mieux faire, mais voyant qu'elle ne pouvoit réussir, elle lui dit d'un ton qui marquoit son dépit.

Quoi deja tu sens des allarmes
Et tu laisses tomber tes armes
Ranime toi ; c'est insulter
    Nôtre gloire
Que de sçavoir mal disputer
    La Victoire.

Après cette avanture les *Brularnes* eurent une mauvaise réputation parmi
les Cytherienes. Pour sauver l'honneur
des Assiegéants ; on opposa un *Lidercore* à la vaillante *Emerodine*. Les choses alors changerent bien de face. Jamais on ne combatit avec tant de valeur. Les coups étoient aussi-tôt ren-
dus que portés ; aucun des deux combattans ne vouloit lâcher prise. Ils se
tenoient étroitement serrés. Le feu
leur sortoit par les yeux, leurs visages
étoient enflammés, ils écumoient de
rage, l'un & l'autre succomba à la fin
de lassitude. On les séparé, ils se
rendent mutuellement justice, & s'en
retournent en chantant.

Il est tout aussi flateur
D'être vaincu que vainqueur.

CHAPITRE XIII.

Recette pour faire revenir le courage.

Rien n'est plus contagieux que le mauvais exemple. On en fit une triste experience dans le Camp des Alliés. Les *Brularnes* qui servoient en qualité de Volontaires corrompirent les plus vigoureux Soldats qui tomberent bien-tôt dans une molesse fort préjudiciable aux interêts des Assiegeants. Dès qu'on connut le mal, on travailla à y apporter le remede. D'abord on chercha à les exciter par le récit des plus belles actions guerrieres. Les vives descriptions de combats, les détails curieux, les particularités interessantes, rien de tout celà ne fut omis. Si ces discours ne faisoient pas une assez vive impression, on exposoit à leurs yeux les tableaux de ces fameux Heros, de ces Heroïnes celebres dont la peinture a immortalisé les vertus. Les differentes attitudes de

ces illuſtres perſonages, la vivacité de
leurs regards, les tranſports dont ils
paroiſſent animés, tout celà produi-
ſoit ordinairement des effets merveilleux ſur l'ame du ſpectateur. Quand
tout celà n'étoit pas ſuffiſant, on avoit
recours à un moyen fort extraordinaire. On dépouilloit ces hommes lâches & moux, on s'armoit de verges,
& on faiſoit tomber une grêle de
coups ſur les parties les plus charnues
de leur corps. Cette operation met le
ſang en mouvement, ranime les eſ-
prits, & rappelle le courage dans les
cœurs.

Redit in præcordia virtus.

Ceux qui après cette épreuve ne don-
nent pas des ſignes de converſion,
ſont regardés comme des malades in-
curables.

Mais ce qui eſt employé ici comme remede, ſert de punition chez les
Todeves. Lors qu'elles ont commis
quelques fautes, les *Cérutedirs* prennent les fouëts vengeurs & déchirent
la peau des coupables. Ces cruels
Executeurs goûtent encore une ſatis-

faction infinie à considerer les vesti-
ges de leur cruauté. Cette vûë excite
en eux des mouvemens qui tournent
à l'avantage des personnes qui les ont
causés.

CHAPITRE XIV.

Le feu prend à l'Arsenal de Cythére.

LEs Alliés pour aller plus vîte en
besogne firent tirer à boulets rouges sur la Ville. La plûpart des maisons furent bien-tôt en feu ; mais ce
fut à l'Arsenal que l'incendie fit plus
de ravage. L'eau *de Vadanel* *, & les
Madopes † dont le Lieu étoit rempli
fournirent des alimens à la flamme.
On chercha à en arrêter les progrès.

* C'est une liqueur dont on se sert après le combat, pour frotter l'endroit où les coups ont porté.
 † Il y en a de differentes especes ; mais celle
dont il est ici question est une espece d'onguent
qu'on employe pour guerir les blessures. Il a la pro-
prieté de rapprocher si bien les lévres de la playe
qu'il faut être fin connoisseur pour appercevoir
quand quelqu'un en a fait usage. On l'appelle communément *Madope Purocrilesnoscreter.*

Le fleuve *Viner* fut d'une grande ressource. Les pompes de la Ville par bonheur se trouverent en bon état ; on les fit jouer, & par ce moyen on sauva ce fameux édifice. Malgré tout celà la perte fut très-considerable. *Le Draf*, le *Vogre*, les *Choumes* furent entierement consumés. Les jeunes *Cytherienes* ne furent que mediocrement sensibles à ce dommage ; mais les vieilles furent inconsolables. „ Comment, disoient ces dernieres, ose„ rons-nous paroître devant l'Enne„ mi ; il ne suffit pas d'avoir du cou„ rage, il faut encore avoir de quoi „ se faire rédouter ; or nous voilà „ privées de ce qui faisoit nôtre prin„ cipale force, nous n'avons desor„ mais d'autre parti à prendre que „ celui de rester chez nous, afin de „ ne pas nous exposer à essuyer le „ plus sanglant des affronts. On va „ à présent nous confondre avec les „ *Todeves*. Cette idée seule nous fait

---

* Le *Draf*, le *Vogre*, les *Choumes*. Parrure guerriere dont se servent les *Cytherienes* pour se rendre plus formidables à l'Ennemi.

,, fremir. Si l'on veut que nous ne
,, devenions pas inutiles à la garnison,
,, qu'on nous fournisse promptement
,, les moyens de continuer nôtre
,, service. ,,

On eut égard à de si justes plaintes,
& on donna à ces vieilles desolées
toutes les choses dont elles avoient
besoin pour les expeditions militaires.
Les jeunes qui pouvoient absolument
se passer de tout cet attirail, s'en dé-
firent généreusement en faveur de
celles pour qui ces choses étoient d'u-
ne nécessité indispensable.

CHAPITRE XV.

Stratagéme dont se servent les Cytherienes pour affoiblir l'Armée des Assiegeants.

LEs Cytherienes craignant à la fin de succomber sous les efforts de leurs Ennemis, travaillerent à détacher les *Caginiens* de l'alliance qu'ils avoient contracté avec les *Ugobers*. Pour celà elles firent jouër une machine qui pensa leur réussir ; ce fut de *Calederia* qu'on se servit pour cette importante affaire. *Ripergader*, Commandant des *Caginiens* avoit des liaisons intimes avec les Principales de la Garnison ; par leur Canal il n'ignoroit rien de tout ce qui se passoit. Tous les secrets de Cythére lui étoient revelés : il vouloit même être instruit des plus petits détails, afin de regler ses operations sur les connoissances qu'on lui donnoit. *Calederia* chercha à s'introduire dans les bonnes graces de *Ripergader*. Elle en vint à bout. Elle son-

D

gea ensuite à faire tourner à l'avantage de sa Nation l'amitié que lui portoit cet Officier General. Après avoir reflechi sur les moyens les plus propres à faire réussir son entreprise, elle s'avise d'un stratageme fort singulier. Elle se frotte les pieds & les mains du sang qu'elle venoit de répandre à l'honneur de *Nullea*, & dans cet état va trouver son *Caginien*. Aussi-tôt qu'elle l'apperçût, elle lui dit d'un ton inspiré.

,, Les Dieux protecteurs de Cythére
,, vous ordonnent par ma voix d'aban-
,, donner le parti des *Ugobers*. Depuis
,, long-tems vous nous faites une
,, guerre injuste : cette conduite vous
,, deshonore dans l'esprit de tous ceux
,, qui n'ont pas des inclinations per-
,, verses. Calmes des bruits qui vous
,, font injurieux, & faites voir au mon-
,, de entier, que si un *Caginien* peut
,, donner quelquefois dans le *travers*,
,, il enfile le veritable chemin, lors-
,, qu'il le connoît. Au reste si vous ne
,, voulez pas vous rendre à mes dis-
,, cours ne soyez pas rébelle aux Dieux
,, dont je suis l'interpréte. Voyez, dit

„ elle, ces marques sanglantes que je
„ porte sur mon corps, c'est la Divi-
„ nité même qui les a imprimé sur
„ moi, afin que vous ne puissiez ré-
„ voquer en doute les choses que je
„ viens vous annoncer. „ *Ripergader*
est saisi d'étonnement à la vûë de ce
spectacle ; il tombe aux genoux de
Calederia & baise avec respect ces em-
preintes sacrées. Il jure un devouement
éternel aux Cytherienes, & donne sur
le champ à leur Ambassadrice des preu-
ves convainquantes du zele qu'il a pour
la Nation ; cependant il prend des mesures pour qu'on ne s'apperçoive pas
qu'il a changé de parti. Malgré ces
précautions l'affaire transpire. Les
Caginiens tâchent de l'assoupir, mais
inutilement. On assemble un Conseil
de Guerre. On veut punir de mort le
coupable. Le crédit de ses Confreres
le tire de ce mauvais pas. Il est mis
pour quelque tems aux arrêts. Voilà
toute la punition qu'on tira d'un homme qui après s'être engagé solemnel-
lement avec les *Ugobers*, fut sur le
point de les abandonner, & de ruïner

par là le parti d'un peuple avec lequel
les *Caginiens* avoient toûjours été
étroitement unis.

CHAPITRE XVI.

Bluciser fait une fausse attaque.

ON battoit la Ville du côté où cou-
loient les eaux du fleuve *Viner.*
Bluciser s'imagina qu'en l'attaquant par
l'endroit opposé, il en viendroit plus
aisément à bout. On eut beau lui re-
presenter qu'il auroit à essuyer certains vents orageux qui retarderoient
ses opérations; il persista dans ses sentimens, & se mit en marche avec ses
braves *Ugobers.* A voir la joye qui étoit
peinte sur son visage, vous eussiez dit
qu'il voloit à la Victoire. Quatre *Chedabars* qui lui servoient d'Aydes-de-
Camp, marchoient à côté de lui; après
cela venoient quelques Officiers des
Caginiens qui avoient voulu le suivre
dans cette expedition. Son casque orné
d'une magnifique aigrete le faisoit ai-

sément reconnoître. Il tenoit en main
une lance d'une groffeur énorme, &
dont la vûë feule infpiroit de la frayeur.
Le cheval qu'il montoit rongeoit fie-
rement fon frein, & fembloit refpi-
rer les combats. Mais ce qui meritoit
le plus d'attention, c'étoit le bouclier
de ce General. Le travail en étoit
merveilleux. On y voyoit Jupiter Me-
tamorphofé en Aigle qui enlevoit le
jeune Ganimede. Apollon y paroiffoit
inconfolable de la mort de fon cher
Hyacinte. Le beau Narciffe cherchoit
inutilement à contenter fur lui même
la paffion dont il étoit l'objet. Le tendre Nifus venoit offrir fa vie au Ru-
tules pour fauver celle de fon ami
Euriale. Alexandre dépofoit l'orgueil
du Diademe en prefence d'Epheftion ;
& l'impetueux Alcibiade écoûtoit avec
docilité les leçons du vertueux Socra-
te. Mais le Graveur s'étoit furpaffé en
reprefentant l'Apothéofe du celebre
Fouruchuda à qui on accorda pendant
fa vie des honneurs qu'on ne rendoit
aux Empereurs Romains qu'après leur
mort. Blucifer contemploit avec plai-

sir les images de ces Heros. Il paroissoit animé du desir de marcher sur leurs traces. Plein de ces nobles sentimens, il avance vers le lieu où il vouloit attaquer la Ville : tous s'empressent à le suivre. Il se persuade que tout va ceder à ses efforts : mais il trouva une resistance à laquelle il ne s'attendoit pas. On fit sur lui une si furieuse décharge de mousqueterie, que tous ses Soldats en furent intimidés. Chacun prend la fuite. *Bluciser* alors s'écrie :

> Eh quoi ! lâchés vous fuiez tous
> Des Nymphes triompher de nous ?
> Que devient cette audace altiere
> Soldats ranimez vôtre ardeur guerriere ;
> Mais non je puis sans vous
> Mettre tout Cythére
> Sans dessus dessous.

Toute refléxion faite, il jugea à propos de ne pas s'exposer tout seul au péril : il revient joindre les Alliés pour déliberer avec les autres Generaux sur les mesures qu'il falloit prendre pour se rendre maître de la Place.

CHAPITRE XVII.

Artifice des Ugobers *pour s'emparer promptement de la Ville assiegée.*

TOus les efforts des Assiegéants n'avoit point encore réussi , & le Siege n'étoit gueres plus avancé que les premiers jours. Les Alliés comprirent à la fin que ce n'étoit point par la force qu'ils pouvoient réussir dans leur projet ; ils employerent un autre moyen dont ils se promirent le plus heureux succès.

Dolus an virtus quis in hoste requirat ?

Ils empoisonnerent les sources qui fournissoient de l'eau aux Cytherienes ; alors la contagion se répandit dans la Ville. La *Loreve* ce fleau plus terrible que la famine & la Guerre, fit bien-tôt des ravages affreux. En peu de tems la meilleure partie de la Garnison se trouva hors de combat. Les Hôpitaux étoient remplis de Malades. On ne reconnoissoit plus ces braves

D 4

Guerrieres, tant elles étoient changées.
Leurs visages auparavant frais & ver-
meils, étoient devenus pâles & livides.
Leurs corps maigrés & décharnés n'of-
froient à la vûë qu'un squelete hideux.
Dans les horribles convulsions qui les
agitoient, l'écume leur sortoit par la
bouche. Des insomnies cruelles les
empêchoient de trouver quelque relâ-
che à leurs souffrances ; les mets les
plus flateurs leur étoient interdits ; à
la Place de ces liqueurs qui portent
la joye jusqu'au fond de l'ame, on ne
leur presentoit qu'une boisson fade &
insipide ; dans ce triste état elles n'a-
voient d'autre consolation que de mau-
dire à chaque instant les auteurs de
leurs maux. Il s'en trouva cependant
qui, quoi qu'atteintes du poison mor-
tel, oserent attaquer l'Ennemi, & le
firent répentir plus d'une fois d'avoir
combattu contre elles.

Les Cytherienes furent consulter le
grand Prêtre pour sçavoir comment
elles pourroient trouver quelques re-
medes à leurs cuisantes douleurs ; il
leur répondit d'un ton grave qu'il fal-

loit avoir recours au Dieu *Recumer* ;
mais qu'il falloit meriter la protection
de cette Divinité bienfaisante par les
veilles, les abstinences, & sur-tout par
de riches Offrandes qu'on devoit apporter au Ministre qui serviroit de me-
diateur.

Les Assiegéants étoient parfaite-
ment instruits de ce qui se passoit dans
la Ville : On profita de cette circon-
stance pour livrer un'assaut. On dis-
posa toutes choses pour cette expedition. Nous allons voir dans le chapî-
tre suivant par quel heureux hazard
les Cytherienes furent délivrées du
malheur qui les menaçoit.

CHAPITRE DERNIER.

Les Ugobers levent le Siege & font un Traité avec les Cytherienes.

CYthére se trouvoit serrée de fort près. Il n'y avoit pas d'apparence qu'elle pût resister long-tems. Lorsque la Ville songeoit à se rendre, on apperçût de loin une Armée de *Darbites*, qui venoit à son sécours. Ces braves Amasones joüerent autrefois un grand rôle dans le monde sous le Commandement de *Phosa*. Après la mort de cette illustre Generale, leur Empire étoit tombé en decadence ; mais il commence à réprendre un nouvel éclat. Les *Darbites* n'ont pour armes qu'un *Tircilos* ; c'est une espece d'épée fort courte dont elles se servent très-avantageusement. Rien n'est égal à l'aversion qu'elles ont pour tous les Hommes. Leur Gouvernement est à peu près semblable à celui des *Ugobers*. Elles ont beaucoup de penchant pour

les Cytherienes, quoique les loix &
les coûtumes de ces deux Nations
foient bien differentes : c'eft à cette
inclination que les Affiegées furent redevables de leur falut. Sans le fecours
qui vint fi à propos, c'en étoit fait de
Cythére. Il feroit difficile d'exprimer
qu'elle fut la confternation des Affie-
géants quand ils virent qu'on venoit
leur arracher leur proye. Ils tiennent
un grand Confeil de Guerre dont le
réfultat fût qu'il falloit faire un Traité
dans lequel on menageroit autant qu'il
feroit poffible l'honneur des Alliés.
Plufieurs d'entre les Cytherienes vouloient qu'on profitât des circonftances
pour écrafer l'Ennemi ; mais les plus
moderées d'entre elles dirent qu'il leur
fuffifoit de faire une Paix glorieufe qui
les mît pour toûjours à couvert des in-
fultes de leurs adverfaires. Voici quels
furent les articles de ce fameux Traité.

ARTICLE PREMIER.

Auffi-tôt après la Signature du Traité les *Ugobers* & leurs Alliés fe retire-

ront de devant la Place , & s'en re-
tourneront dans leurs Etats respectifs.

I I.

Les *Ugobers* n'étendront pas d'avantage leur Domination , à cause des in-
convenients qui en resulteroient pour
le bien commun. Ils pourront vivre
selon leurs loix, mais ils ne décrieront
pas comme ils ont fait jusqu'ici le
Gouvernement des Cytherienes. Au
contraire ces deux Peuples travaille-
ront de concert à entretenir la Paix
& auront l'un pour l'autre les égards
qu'ils se doivent reciproquement.

I I I.

Les Cytherienes auront comme
avant la Guerre la liberté du Commerce, mais elles auront soin de fournir des Marchandises de bon Aloi.
Pour cela il sera établi des Bureaux
dont les Commis seront chargés de vi-
siter exactement tout ce qui sera exposé en vente ; on transportera les

Marchandises gâtées dans des Magazins d'où elles ne sortiront qu'après avoir été mises en état d'être venduës; il y en aura à tout prix pour la commodité de ceux qui voudront faire emplete.

I V.

Les Cytherienes traiteront désormais leurs Prisonniers avec plus de douceur, & n'exigeront pas d'eux une rançon exorbitante ; elle sera reglée sur la qualité des captifs. Cet article ne regarde pas les *Fircaniens* sur qui on pourra prendre tout ce qu'ils prennent aux autres.

V.

Les *Emecodines* ne pourront trafiquer qu'avec les grands Seigneurs auxquels elles auront le Privilege de vendre comme belles Marchandises ce qui n'a qu'un éclat éblouissant.

V I.

On permet aux *Todeves* de venir faire des recruës à Cythére, mais il leur est deffendu d'enroller Personne qui ait moins de 40. ans.

V I I.

Il est ordonné aux *Omines* de ne plus se mêler désormais de toutes les affaires qui pourroient survenir dans la suite entre les Puissances contractantes. Il leur est enjoint d'aller s'établir parmi les *Brularnes* & de faire ensemble un seul corps de Nation. Comme les Cytherienes ne veulent point commercer ouvertement avec les *Omines*, ceux-ci ne viendront qu'en secret à Cythére, & on s'engage à leur rendre en particulier toutes sortes de bons offices.

VIII.

Les *Caginiens* pourront comme à l'ordinaire faire ligue offensive & défensive avec les *Ugobers*.

IX.

Il y aura toûjours un Sentinele à la porte des Magazins de Cythére pour arrêter les disputes qui pourroient survenir entre les Vendeurs & les Achepteurs.

Il y avoit encore quelques articles secrets dont on ne jugea pas à propos de donner connoissance au public. Voilà comment finit ce Siege fameux, pendant lequel on fit voir de part & d'autre tout ce que peuvent l'adresse & la valeur. Lorsque la Guerre s'alluma entre les Cytherienes & les *Ugobers*, il y avoit lieu de croire qu'elle ne se termineroit que par la perte d'une des deux Nations. Heureusement les suites n'ont pas été si funestes.

Fasse le Ciel que cette Paix soit dura-
ble ! ce sont là les vœux que je fais tous
les jours dans ma solitude. Pendant
ma jeunesse, je ne respirois que les
combats ; aujourd'hui que je me vois
avancé en âge, couvert de glorieuses
Cicatrices, & comblé d'honneurs Militaires, je n'aspire plus qu'après la
tranquillité.

F I N.